SOMMAIRE

Temps de préparation — Temps de fermentation — Sans yaourtière

PRÉSENTATION

QUI SUIS-JE ?

Je m'appelle Elena Bogdan, aka @bejoyfood sur Instagram.

Je suis photographe et styliste culinaire basée à Antibes, dans le sud de la France. Je suis maman de deux petites filles, cuisinière dans l'âme et gourmande sans fin, mais avant tout passionnée et curieuse.

Je suis née et j'ai grandi à la campagne, dans un petit village au cœur de la Transylvanie, je suis donc très sensible au respect des saisons, au fait maison et à l'anti-gaspillage.

C'est la raison pour laquelle j'essaie autant que possible, depuis je vis en ville, de consommer local, bio, pour réduire l'impact des produits toxiques pour la santé et l'environnement, et de cuisiner maison avec les produits les moins industrialisés possible.

Quand je cuisine, je suis dans ma bulle de bonheur, c'est ma zone de béatitude. Je pratique une cuisine saine et j'aimerais partager et transmettre ma conviction : l'alimentation est notre première médecine.

C'est la raison pour laquelle je préfère préparer par moi-même au maximum ce dont j'ai besoin pour cuisiner et manger. Cela m'a poussée à vouloir préparer mes yaourts maison, d'autant que je suis encore plus attentive à la composition des produits que l'on consomme depuis la naissance de mes deux filles.

POURQUOI CE LIVRE ?

J'ai décidé d'écrire ce livre sur le thème des yaourts maison, car c'est un peu la genèse de mon aventure culinaire. C'est un sujet qui me passionne et une activité ludique à partager en famille dont les possibilités de recettes sont infinies.

Tout a commencé début 2019, avec l'achat de ma yaourtière Multidélices de chez SEB®. J'ai commencé par créer mes propres recettes. Je me suis vite prise au jeu, je pouvais inventer n'importe quelle recette avec des ingrédients simples et naturels.

Dans ce livre, j'aimerais vous partager mes idées recettes maison, mais aussi toutes mes astuces et mes connaissances en la matière, acquises avec le temps grâce aux nombreuses recettes déjà réalisées, mais aussi aux innombrables tests ratés. Il ne faut pas oublier que la fermentation est un procédé vivant, il dépend de beaucoup de paramètres et facteurs.

Je vous propose en majorité des recettes sucrées, mais aussi quelques recettes salées, car le yaourt maison peut aussi se décliner et devenir un ingrédient utile à la réalisation de nombreuses recettes.

Je vous souhaite une bonne lecture et une délicieuse cuisine !

À QUI S'ADRESSE CE LIVRE ?

À celles et ceux qui aimeraient se mettre à faire des yaourts maison, mais n'osent pas, car ça leur semble complexe : en réalité, c'est très simple, il suffit de respecter quelques règles de base.

À celles et ceux qui aiment s'amuser en cuisine.

À celles et ceux qui aimeraient s'engager à moins polluer la planète et commencent ou continuent une démarche zéro déchet dans leur façon de vivre et de consommer.

Enfin, et surtout, à celles et ceux qui aiment manger des yaourts naturels, sans additifs, sans colorants, sans épaississants, sans amidon, sans sucre raffiné, sans rien d'autre que des ingrédients que l'on a à portée de main dans nos placards et frigos.

LES YAOURTS MAISON

QUELS AVANTAGES À FAIRE SES YAOURTS MAISON ?

1. C'est la maîtrise de la composition

C'est l'avantage numéro 1, le plus important à mes yeux, et celui qui m'a poussée à acheter une yaourtière. La composition est la base de toute recette. En faisant vos yaourts maison, vous êtes sûrs de pouvoir choisir des ingrédients de qualité, vous pouvez vérifier leur provenance, vous pouvez décider de consommer local. Il n'y aura pas d'additifs, ni de colorants ni de conservateurs, et vous pouvez maîtriser la quantité de sucre à ajouter à vos recettes.

2. C'est bon pour la santé

Les yaourts contiennent des probiotiques, ces bactéries bonnes pour notre flore intestinale, et donc pour notre digestion et notre santé. Les yaourts maison ne subissent pas de stérilisation à haute température, ni de transformation industrielle, ils sont donc plus naturels et renforceront notre système immunitaire.

3. C'est bon pour le portefeuille

Avec un yaourt nature et 1 L de lait, on peut réaliser 6 à 8 yaourts maison. Bien sûr, il faudra ajouter le coût de la yaourtière et de l'énergie consommée, mais il faut voir cet investissement à long terme pour y voir les économies réalisées.

4. C'est bon pour la planète

Les yaourts maison sont réalisés dans des pots en verre réutilisables. Inutile de dire que c'est meilleur pour la planète, car il y a moins de gaspillage, notamment en ce qui concerne l'utilisation du plastique et du carton.

5. C'est ludique

Quel plaisir de pouvoir réaliser ses yaourts maison ! Des possibilités infinies ! On peut réaliser les recettes au gré de ses envies, dans le respect des saisons. Une vraie petite victoire personnelle, il faut le dire, et une activité ludique garantie à réaliser en famille, avec ses enfants et même son compagnon.

QUEL LAIT CHOISIR ?

La plupart du temps, on réalise les yaourts avec du lait animal, le lait de vache étant le plus fréquemment utilisé.

Le lait entier permettra d'obtenir des yaourts bien fermes et peu de temps de fermentation - 6 à 8 heures. Le lait demi-écrémé demande minimum 12 heures de fermentation, le lait écrémé jusqu'à 14 heures. En utilisant du lait écrémé, il y a des risques d'obtenir des yaourts liquides.

Il est aussi possible d'utiliser du lait cru, directement issu de la ferme, à bien faire bouillir pendant 10 minutes avant toute utilisation pour tuer les mauvaises bactéries. Attention, le lait doit redescendre à température ambiante avant d'ajouter le ferment. Le plus conseillé est bien sûr le lait bio.

En réalisant ses yaourts maison, on peut justement varier les plaisirs et utiliser du lait de brebis et du lait de chèvre, certes un peu plus chers, mais avec 1 L de lait, on peut réaliser jusqu'à 8 pots. Attention, le lait de chèvre et le lait de brebis nécessiteront un temps de fermentation plus long, de 9 à 12 heures parfois, en fonction de la texture et de la fermeté souhaitées.

Pour les yaourts végétaux, on utilise le plus souvent le lait de soja, qui est un excellent remplaçant du lait de vache. Les yaourts sont fermes, la texture très agréable en bouche et le goût très fin. C'est le lait végétal qui coagule le plus facilement lors de la fermentation.

Deuxième solution pour la réalisation des yaourts végétaux, c'est l'utilisation du lait de coco en conserve, il doit contenir plus de 68 % de coco pour que le yaourt prenne. On peut aussi couper le lait de coco avec le lait de soja, si l'on n'aime pas le goût coco trop prononcé.

Il est possible de réaliser du yaourt avec le « lait » d'amande, de noisette ou issu d'autres oléagineux, mais à condition qu'il soit fait maison. Dans ce type de boisson achetée dans le commerce, il y a bien souvent trop d'eau ajoutée et des épaississants qui vont nuire à la fermentation. Il y a un fort risque d'obtenir des yaourts liquides dans ce cas.

Lors de la préparation des yaourts avec ces boissons végétales, il est conseillé d'ajouter à la préparation de l'agar-agar, un gélifiant naturel, et du lait en poudre animal ou végétal, comme le lait de coco, par exemple.

QUEL FERMENT CHOISIR ?

La fermentation n'est rien d'autre qu'une transformation du lait en produits laitiers grâce au laborieux travail des micro-organismes vivants - les bactéries - qui se trouvent dans les ferments lactiques et qui se nourrissent du lactose (le sucre du lait) pour le transformer en acide lactique lors de la lacto-fermentation.

Il existe plusieurs sortes de ferments lactiques issus des lactobacilles, des streptocoques, des leuconostocs et des bifidus. Chaque produit laitier a son propre ferment. Dans le cas du yaourt, qui vient du mot turc *yōghurt* et qui veut dire « caillé », il faudra utiliser ces deux ferments spécifiques *lactobacillus bulgaricus* (qui donneront le nom au yaourt bulgare) et *streptococcus thermophilus*. Ces ferments se trouvent donc naturellement dans le yaourt, c'est pourquoi on peut l'utiliser comme souche pour des futures tournées.

Le yaourt nature du commerce est donc le ferment lactique le plus utilisé et le plus pratique. Il faut choisir un yaourt nature sans additifs, sans crème ajoutée, de préférence bio et très frais (DLC la plus longue), afin qu'il soit assez riche en ferments lactiques. Attention, on peut utiliser un yaourt pour la tournée suivante jusqu'à 4 ou 5 tournées. Après, les ferments ne sont plus suffisamment puissants pour obtenir des yaourts bien fermes.

Il y a aussi la possibilité d'utiliser un sachet de ferments lactiques type ALSA® que l'on achète en supermarchés, magasins bio et pharmacies pour réaliser sa première tournée. Il y a plusieurs marques, comme Natali®, Fernand le Ferment® ou Brin de Foli®. et bien d'autres. Attention, lorsque l'on ajoute le ferment dans le lait, celui-ci doit être impérativement à température ambiante, soit en dessous de 40 °C, sinon le ferment ne s'active pas.

ASTUCES ET INFOS PRATIQUES

Hygiène

Règle de base, mais pour la réalisation de ses yaourts, il est encore plus crucial de respecter une hygiène impeccable. C'est un peu comme lorsque l'on fait des confitures maison, la stérilisation est essentielle. Avant toute utilisation, il faut bien nettoyer ses ustensiles avec de l'eau chaude et du produit vaisselle, bien rincer à l'eau claire, sécher avec un torchon propre. Bien nettoyer les pots et les sécher, afin qu'il n'y ait aucun résidu qui reste.

Ustensiles

On a besoin de peu de choses pour réaliser ses yaourts maison. Personnellement, j'utilise :

- un pot de 2 L gradué en plastique avec un bec verseur (très important pour verser directement la préparation dans les pots);
- un petit fouet en inox ou une cuillère en bois pour s'assurer qu'aucune réaction chimique ne se produise avec le métal;
- des pots à yaourt en verre, mais les petits pots bébé ou verres normaux sont aussi utilisables (pour les recettes du livre, j'ai utilisé des pots de 100 ml);
- des couverts en plastique ou des charlottes en tissu;
- une yaourtière, ou un four, ou un robot, ou tout simplement un plaid en laine.

Infos et astuces

Les yaourts sont trop liquides : pousser la fermentation 1 à 2 heures de plus que prévu, changer de lait, car il n'est pas assez gras (le meilleur sera le lait entier). La yaourtière a eu un coup de froid, veiller à ne pas la mettre dans un endroit où il y a des courants d'air, la température doit rester constante. Le ferment n'est plus actif, changer de ferment pour la tournée suivante.

Le yaourt présente trop de petit-lait sur le dessus : il faudra réduire le temps de fermentation. Durant l'été, il arrive souvent qu'il fasse trop chaud dans la pièce : dans ce cas, lancer la yaourtière comme habituellement et la débrancher au bout de 4 heures. Dès que le yaourt est pris, même si le temps prévu ne s'est pas écoulé, sortir les pots et arrêter la yaourtière. Dans tous les cas, ce petit-lait est rempli de probiotiques, soit le boire, soit l'utiliser pour les sauces ou comme engrais pour les plantes.

Le yaourt est granuleux : le ferment de base, souvent le yaourt nature utilisé, est trop ancien. Veiller à très bien mélanger/fouetter le yaourt ferment avec le lait lors de la préparation pour que le tout soit lisse et onctueux.

Le yaourt paraît élastique : le ferment de base, très souvent le yaourt nature utilisé, est trop ancien et la quantité de ferment n'est pas suffisante pour la quantité de lait. Veiller à bien lire le mode d'emploi pour les ferments achetés en sachet.

FAIRE SES YAOURTS MAISON AVEC OU SANS YAOURTIÈRE ?

Il y a plusieurs façons de faire ses yaourts maison, que l'on possède ou non une yaourtière.

Certes, il semble plus rassurant de réaliser des yaourts avec une yaourtière, néanmoins, pour commencer, pas besoin d'investir dans l'achat d'un appareil, car **il est possible de tester les recettes les plus simples**

sans yaourtière (les dix premières de ce livre, par exemple). Voici quelques pistes en fonction du matériel et du temps que chacun a à sa disposition. Attention, la fermentation n'est pas une science exacte, elle dépend de tout un tas de paramètres (température du lait, température ambiante, saisonnalité, hygiène, propreté de tous les ustensiles, ferment, yaourt utilisé comme ferment). Je vous conseille de lire attentivement tous les conseils et toutes les recommandations de ce livre AVANT de vous lancer, mais c'est en faisant vos propres tests que vous trouverez la texture et le goût qui vous conviennent le mieux.

Utiliser un plaid en laine

Lorsque j'étais enfant, ma mère et ma grand-mère réalisaient le yaourt maison sans yaourtière. Le plus important lors de la réalisation des yaourts, c'est de garder une température constante durant tout le processus. Pour cela, rien de plus simple : utiliser un plaid en laine, faire un petit cocon au milieu et y déposer une casserole couverte, si possible hermétique, pour maintenir la préparation bien au chaud. Je me rappelle qu'à la maison, c'était dans un coin du canapé. La laine est un régulateur de chaleur naturel, c'est important pour garder la température constante.

Utiliser le four

On peut aussi utiliser le four à température non tournante sur 40 °C. Au bout de 2 à 3 heures, on peut éteindre le four, sans ouvrir la porte. Laisser la fermentation continuer 5 à 6 heures, puis vérifier la texture. Laisser un peu plus si nécessaire.

Utiliser une yaourtière

Le plus adapté et le plus simple reste bien sûr l'utilisation d'une yaourtière. Il y a des familles où c'est un appareil de cuisine qui se transmet de mère en fille. Personnellement, je possède la yaourtière Multidélices de chez SEB®, mais LAGRANGE® en fait également, SEVERIN® aussi, etc. Il y en a pour tous les goûts et tous les budgets. Ne pas hésiter à investir dans un appareil de qualité, car c'est la garantie d'une longue utilisation. Certains sont pourvus d'un minuteur et d'une sonnerie. Personnellement, je préfère ne pas avoir l'option sonnerie lorsque l'on a des enfants en bas âge qui dorment, la sonnerie peut les réveiller. Néanmoins, le principe reste le même : chauffer et garder une température basse et constante durant plusieurs heures.

Utiliser son robot multifonction

Aujourd'hui, les robots multifonctions sont de plus en plus performants. Sur le dernier appareil Thermomix®, il y a même une fonction « Fermentation ». Certes, on ne peut y faire que 3 à 4 yaourts à la fois, mais c'est une possibilité si l'on ne consomme que très peu de yaourts. Ne pas oublier de lire la notice d'utilisation. Attention, dans ce type d'appareil, il faut ajouter un fond d'eau, comme s'il s'agissait d'une cuisson au bain-marie.

COMMENT UTILISER LE YAOURT EN CUISINE ?

Aujourd'hui, c'est de plus en plus tendance d'utiliser le yaourt pour alléger ses recettes de cuisine. Toutefois, le yaourt n'est pas qu'une tendance culinaire, il a aussi de vraies qualités nutritionnelles et est déjà utilisé dans d'autres cultures depuis très longtemps comme un ingrédient à part entière pour la réalisation de certaines recettes.

Je vous partage quelques idées d'utilisation pour de futures recettes :

- pour les marinades. Le yaourt est un excellent liant, très léger, il enrobe parfaitement la viande ou tout autre produit lors des préparations culinaires. Exemple : dans la cuisine indienne, le poulet tandoori et le poulet tikka masala sont réalisés avec une marinade à base de yaourt, d'épices, d'ail, de gingembre, de jus de citron, de concentré de tomates et d'huile (de l'huile d'olive, dans mon cas);
- pour les dips de l'apéro. Très apprécié par les personnes en rééquilibrage alimentaire, le yaourt nature, ou yaourt à la grecque, est facilement utilisable pour alléger un houmous, réaliser une sauce cocktail ou une vinaigrette. Exemple le plus connu : le tzatzíki. Un dip pour l'apéro, à base de yaourt bulgare, de concombre, d'ail, de menthe, d'huile d'olive, de sel et de poivre. Une autre recette très gourmande : les œufs à la turque, à base de yaourt, d'œufs mollets, d'herbes aromatiques, d'huile pimentée et de pain grillé;
- pour alléger les quiches, les sauces, les soupes et les vinaigrettes. Il est possible de remplacer la matière grasse des sauces, comme dans les ragoûts, la quiche lorraine, les pâtes. Dans les vinaigrettes, cela permet de bien lier la vinaigrette et de diminuer la qualité de l'huile;
- pour remplacer la crème fraîche dans les gâteaux et les pâtisseries. L'exemple le plus classique est bien sûr le gâteau au yaourt, pour lequel le pot de mesure est le pot même du yaourt. On utilise également le yaourt pour des recettes de gaufres, de crêpes, de pancakes;
- pour réaliser de délicieuses recettes de snacks, de brunchs et de petits déjeuners sains. Il peut s'intégrer dans la réalisation de recettes, comme le chia pudding, le porridge, les smoothies et les lattes.

À vos envies ! Cette liste n'est pas exhaustive !

INFORMATIONS CONCERNANT LA RÉALISATION DES RECETTES

- Je ne le marque pas à chaque fois, mais je vous conseille d'utiliser du lait bio.
- Le lait doit impérativement être à température ambiante ou tiédi s'il sort du réfrigérateur.
- Mis à part les recettes végétales, toutes les recettes contiennent du lait de vache. Vous pouvez le remplacer par du lait de soja, les recettes en resteront inchangées. Néanmoins, si vous réalisez la recette avec du lait de chèvre ou de brebis, attention à bien prolonger la fermentation : la texture sera plus douce et soyeuse, mais moins ferme.
- Attention également à prolonger la fermentation lors de l'utilisation du lait demi-écrémé. Ne pas hésiter à vérifier la consistance des yaourts en fin de programme, durant la dernière heure de fermentation, et prolonger d'une heure la fermentation si besoin.
- Doubler tout simplement les quantités pour avoir une double portion.
- Dans mes préparations, j'utilise très peu ou pas de sucre, ne pas hésiter à ajouter ou à augmenter la qualité de sucre si vous êtes bec sucré. Je vous conseille d'utiliser du sucre de canne bio, du sucre complet ou du sucre de coco, et d'éviter le sucre blanc raffiné qui n'a plus aucune valeur nutritionnelle.
- Les yaourts **se conservent 7 jours au réfrigérateur**, fermés hermétiquement. Veillez à consommer en priorité les yaourts gourmands, fruités et crémeux.
- Le sachet de ferments lactiques peut toujours être remplacé par un yaourt nature.

CARNET DE RECETTES

AVEC OU SANS YAOURTIÈRE

Le yaourt nature

5 minutes | 8 heures

Ingrédients pour 8 pots

- 1 L de lait entier
- 1 yaourt nature / un sachet de ferments lactiques type ALSA®

Ustensile(s)

- Fouet

Recette

Verser le lait à température ambiante dans un grand pot ou un saladier. Ajouter le yaourt ou le sachet de ferments lactiques. **Bien mélanger** avec un fouet.

Verser la préparation dans les pots et les déposer dans la yaourtière. Lancer le programme approprié et **laisser fermenter** 8 heures.

À la fin du programme, **sortir** les pots et les déposer au réfrigérateur pendant 4 heures minimum pour qu'ils soient **bien fermes**.

Le yaourt à la grecque

AVEC OU SANS YAOURTIÈRE

15 minutes | 8 heures

Ingrédients pour 8 pots

- 1 L de lait de vache
- 1 yaourt nature / un sachet de ferments lactiques type ALSA®
- 150 g de crème fraîche épaisse

Ustensile(s)

- Fouet
- Tamis
- Torchon à fromage

Recette

Verser le lait à température ambiante dans un grand pot ou un saladier. Ajouter le yaourt ou le sachet de ferments lactiques. **Bien mélanger** avec un fouet.

Verser la préparation dans les pots (ou un grand récipient en plastique ou en verre) et les déposer dans la yaourtière. **Lancer** le programme approprié et laisser fermenter 8 heures.

À la fin de la fermentation, laisser le yaourt **s'égoutter** 1 à 2 heures sur un tamis avec un torchon à fromage dessus, au frais. Garder le petit-lait pour d'autres préparations culinaires, il remplace parfaitement le lait. Mélanger le yaourt égoutté avec la crème fraîche. Verser dans un grand pot en verre hermétique. Le yaourt se garde au réfrigérateur une semaine.

Traditionnellement, le yaourt à la grecque se réalise avec du lait de brebis, qui est en général plus gras que le lait de vache.

Ensuite, on le laisse s'égoutter pendant 2 à 4 heures pour que sa texture devienne plus crémeuse. En France, on a comme habitude d'utiliser le lait de vache et de rajouter de la matière grasse (de la crème fraîche) au yaourt pour obtenir une texture crémeuse. Il faut savoir que le lait de brebis est plus calorique que le lait de vache, mais plus digeste et avec une teneur en calcium plus importante. Les deux recettes sont valables, il est aussi bon de varier les laits que l'on utilise pour avoir un apport nutritionnel équilibré.

AVEC OU SANS YAOURTIÈRE

Le yaourt à boire

5 minutes | 4 à 6 heures

Ingrédients pour 8 pots

- 1 L de lait entier
- 1 yaourt nature / un sachet de ferments lactiques type ALSA®

Ustensile(s)

- Fouet

Recette

Verser le lait à température ambiante dans un grand pot ou un saladier. Ajouter le yaourt ou le sachet de ferments lactiques. Bien mélanger avec un fouet.

Verser la préparation dans les pots, dans de petites bouteilles en plastique ou même dans un grand récipient en plastique et les déposer dans la yaourtière. Lancer le programme approprié et **laisser fermenter** 4 à 6 heures en fonction de la texture souhaitée (plus ou moins épaisse).

À la fin du programme, **verser** le yaourt à boire dans une grande bouteille ou dans de petites bouteilles individuelles et déposer au réfrigérateur pendant 2 à 4 heures. Au moment de servir, il est conseillé de secouer **vigoureusement** la bouteille.

Les yaourts à boire peuvent s'aromatiser avec des confitures, sirops ou crèmes ***de toutes sortes****, selon ses envies !*

Le yaourt brassé

AVEC OU SANS YAOURTIÈRE

5 minutes | 9 heures

Ingrédients pour 8 pots

- 1 L de lait demi-écrémé
- 1 yaourt nature / un sachet de ferments lactiques type ALSA®

Ustensile(s)

- Fouet
- Spatule

Recette

Verser le lait à température ambiante dans un grand pot ou un saladier. Ajouter le yaourt ou le sachet de ferments lactiques. **Bien mélanger** avec un fouet.

Verser la préparation dans un grand récipient en plastique ou en verre et le déposer dans la yaourtière.

Lancer le programme approprié et **laisser fermenter** 9 heures. De temps en temps, mélanger la préparation en réalisant des mouvements lents à l'aide d'une spatule.

Si trop de petit-lait se forme, l'égoutter une petite heure avant de mettre en pots et au réfrigérateur pour conservation.

Cette recette peut très facilement se réaliser sans yaourtière, notamment dans un plaid en laine !

Le yaourt brassé ou bulgare (en référence à l'origine du ferment utilisé, lactobacillus bulgaricus*) est un yaourt à consistance un peu plus crémeuse et onctueuse. La différence avec un yaourt nature classique est que la fermentation se fait dans un récipient, et non pas dans des pots. Le yaourt est mélangé (brassé) avant d'être mis en pots pour être dégusté. Le yaourt brassé se prête particulièrement bien aux recettes de cuisine pour remplacer la crème fraîche et les alléger.*

Le skyr

AVEC OU SANS YAOURTIÈRE

15 minutes | 12 à 14 heures

Ingrédients pour 8 pots

- 1 L de lait écrémé
- 1 yaourt nature / un sachet de ferments lactiques type ALSA®

Ustensile(s)

- Fouet
- Tamis
- Torchon à fromage

Recette

Verser le lait à température ambiante dans un grand pot ou un saladier. Ajouter le sachet de ferments lactiques. **Bien mélanger** avec un fouet.

Verser la préparation dans un grand récipient en plastique ou en verre et le déposer dans la yaourtière. **Lancer** le programme approprié et laisser fermenter 12 à 14 heures.

À la fin du programme, **égoutter** le yaourt sur un tamis couvert d'un torchon à fromage durant 5 à 10 heures selon la texture souhaitée. Plus le temps d'égouttage est long, plus la texture est dense et crémeuse. **Garder le petit-lait** pour d'autres préparations culinaires, il remplace parfaitement le lait. Verser dans un grand pot en verre hermétique. Le skyr se garde au réfrigérateur une semaine.

Le skyr est un yaourt islandais qui nous vient des Vikings. Il est naturellement ***riche en protéines et pauvre en graisses****, car il se réalise avec du lait demi-écrémé et du lait écrémé, et parce qu'il contient peu de petit-lait. Il convient particulièrement aux sportifs et convient aussi, en cas de rééquilibrage alimentaire, pour des snacks et des petits déjeuners healthy. Il a une texture dense et onctueuse, ce qui permet d'avoir plus de matière en bouche et de conférer une meilleure sensation de satiété que les autres yaourts.*

Yaourt infusé aux saveurs de Noël

AVEC OU SANS YAOURTIÈRE

45 minutes | 8 heures

Ingrédients pour 8 pots

- 1 L de lait écrémé
- 1 yaourt nature / un sachet de ferments lactiques type ALSA®
- 3 c. à soupe d'infusion type fruits secs (pomme, cannelle, ananas, cranberries, etc.)

Ustensile(s)

- Casserole
- Tamis

Recette

Préparer l'infusion aux saveurs de Noël. Verser le lait dans une casserole à fond épais, puis ajouter le sucre et l'infusion aux fruits secs. Commencer à chauffer le lait **tout doucement** pendant à peu près 15 minutes. Laisser le lait chauffer à 80 °C (limite du bouillonnement). Laisser le tout infuser à peu près 30 minutes, ensuite passer au tamis la préparation pour enlever tous les résidus. Laisser **complètement** refroidir.

Ajouter le ferment, bien mélanger, puis verser la préparation dans les pots et les déposer dans la yaourtière. Lancer le programme approprié et **laisser fermenter** 8 heures.

À la fin du programme, sortir les pots et les déposer au réfrigérateur **pendant 4 heures minimum** pour retrouver une saveur délicate et une texture soyeuse en bouche.

Attention au type d'infusion à utiliser.
En fonction de sa puissance, augmenter ou diminuer le temps d'infusion. On peut aussi utiliser du thé vert aromatisé ou du thé noir, mais attention, ne pas le laisser infuser trop longtemps, car son amertume ressort rapidement.

Yaourt à la fleur d'oranger

5 minutes | 8 heures

Ingrédients pour 8 pots

- 1 L de lait entier
- 1 sachet de ferments
- 1 c. à soupe de sucre blanc de canne
- 3 c. à soupe d'eau de fleur d'oranger

Ustensile(s)

- Fouet

Recette

Verser le lait à température ambiante dans un grand pot ou dans un saladier. Ajouter le yaourt ou le sachet de ferments lactiques. Ajouter l'eau de fleur d'oranger. **Bien mélanger** avec un fouet.

Verser la préparation dans les pots et les déposer dans la yaourtière. Lancer le programme approprié et **laisser fermenter** 8 heures.

À la fin du programme, sortir les pots et les déposer au réfrigérateur **pendant 4 heures minimum** pour qu'ils soient bien fermes.

On peut également utiliser d'autres sirops maison ou du commerce, type Monin®, pour aromatiser ses yaourts maison.
Dans ce cas, ***ne pas rajouter le sucre****, car le sirop est déjà bien sucré.*

Le yaourt au matcha

45 minutes — 8 heures

Ingrédients pour 8 pots

- 1 L de lait entier
- 1 sachet de ferments
- 1 c. à soupe de sucre blanc bio
- 2 c. à café de matcha en poudre

Ustensile(s)

- Casserole

Recette

Préparer l'infusion au thé matcha. Verser le lait dans une casserole à fond épais, ajouter le sucre et la poudre de matcha. Chauffer le lait **tout doucement** pendant à peu près 15 minutes. Laisser ensuite infuser 20 à 30 minutes, le temps que le lait redescende **à température ambiante**.

Ajouter les ferments, bien mélanger, puis verser la préparation dans les pots et les déposer dans la yaourtière. Lancer le programme approprié et **laisser fermenter** 8 heures.

À la fin du programme, sortir les pots et les déposer au réfrigérateur **pendant 4 heures minimum** pour retrouver une saveur délicate et une texture soyeuse en bouche. La poudre de matcha peut se déposer au fond des pots, ce n'est pas gênant.

AVEC OU SANS YAOURTIÈRE

Yaourt à la menthe

30 minutes | 8 heures

Ingrédients pour 8 pots

- 1 L de lait entier
- 1 sachet de ferments
- 4 c. à soupe de sucre complet de canne
- Quelques brins de menthe fraîche poivrée

Ustensile(s)

- Casserole
- Tamis

Recette

Préparer l'infusion à la menthe. Mettre le lait avec la menthe et le sucre dans une casserole à fond épais. Commencer à chauffer le lait **tout doucement** pendant à peu près 15 minutes. Laisser refroidir et filtrer.

Ajouter les ferments, **bien mélanger**, puis verser la préparation dans les pots et les déposer dans la yaourtière. Lancer le programme approprié et **laisser fermenter** 8 heures.

À la fin du programme, sortir les pots et les déposer au réfrigérateur **pendant 4 heures minimum**.

Il est possible de remplacer la menthe par d'autres plantes fraîches, type verveine, sureau, lilas, lavande. ***Attention à leur puissance****, la lavande est par exemple très puissante en goût. Il faudra mettre un petit brin seulement et le laisser infuser très peu, 5 minutes environ.*

AVEC OU SANS YAOURTIÈRE

Le yaourt aux 4 épices

30 minutes | 8 heures

Ingrédients pour 8 pots

- 1 L de lait entier
- 1 sachet de ferments
- 2 c. à soupe de sucre complet de canne
- 1 c. à café d'épices à pain d'épices

Ustensile(s)

- Casserole
- Tamis

Recette

Préparer l'infusion aux épices. Verser le lait avec les épices et le sucre dans une casserole à fond épais. Commencer à chauffer le lait **tout doucement** pendant 15 minutes. Laisser refroidir et filtrer au tamis très fin.

Ajouter le ferment, bien mélanger, puis verser la préparation dans les pots et les déposer dans la yaourtière. Lancer le programme approprié et **laisser fermenter** 8 heures.

À la fin du programme, sortir les pots et les déposer au réfrigérateur **pendant 4 heures minimum**. Déguster avec une tranche de pain d'épices !

Il est possible de remplacer les 4 épices ***par d'autres parfums*** *selon ses envies : cannelle, gingembre, anis, etc.*

Yaourt soja-framboise

45 minutes | 8 heures

Ingrédients pour 8 pots

- 800 ml de lait de soja
- 1 sachet de ferments
- 200 g de framboises fraîches ou congelées
- 50 g de sucre brun
- 1 sachet de sucre vanillé

Ustensile(s)

- Casserole
- Tamis
- Mixeur
- Fouet

Recette

Préparer le smoothie framboise. Déposer les framboises avec le sucre et une cuillère à soupe d'eau dans une casserole à fond épais. **Laisser cuire doucement** environ 20 minutes et laisser refroidir. Mixer la préparation pour obtenir une purée bien lisse, puis la passer au tamis pour ôter les petits pépins.

Verser le lait dans un pot, ajouter les ferments et le smoothie framboise. **Bien mélanger** au fouet. Verser la préparation dans les pots et les déposer dans la yaourtière. Lancer le programme approprié et **laisser fermenter** 8 heures.

À la fin du programme, sortir les pots et les déposer au réfrigérateur **pendant 4 heures minimum**.

***Le lait de soja prend assez vite**, donc pour une texture onctueuse, 7 heures suffisent. Parfois, pour casser le goût un peu fort du lait de soja, je réalise un mélange 50/50 avec du lait normal ou du lait de coco à 68 % et du lait de soja.*

Yaourt végétal saveur tonka

15 minutes | 8 heures

Ingrédients pour 8 pots

- 750 ml de lait de soja
- 250 ml de lait de coco (68 % de coco)
- 1 sachet de ferments
- 4 c. à soupe de sucre de canne complet
- 2 sachets de sucre vanillé
- 1 fève de tonka

Ustensile(s)

- Casserole
- Râpe

Recette

Commencer par **mélanger** le lait de coco et le lait de soja, puis verser le tout dans une casserole à fond épais. Ajouter le sucre et le sucre vanillé. Ajouter la fève de tonka **fraîchement râpée**. Laisser chauffer le lait doucement environ 10 minutes, puis laisser refroidir.

Ajouter les ferments, bien mélanger, puis verser la préparation dans les pots et les déposer dans la yaourtière. Lancer le programme approprié et **laisser fermenter** 8 heures.

À la fin du programme, sortir les pots et les déposer au réfrigérateur **pendant 4 heures minimum**.

La fève de tonka est une épice que l'on utilise très souvent dans la pâtisserie. *Elle a une apparence noire et rigide et est produite par plusieurs arbres tropicaux. Son goût est un savant mélange des saveurs de vanille, de caramel, d'amande et de cacao. Son odeur est assez prononcée. Elle se garde très bien, à condition de l'acheter entière, et non pas en poudre, et de la conserver dans un pot hermétique à l'abri de la lumière. Elle s'utilise aussi bien dans les recettes sucrées que dans les recettes salées.*

Yaourt des licornes

10 minutes — 8 heures

Ingrédients pour 8 pots

- 1 L de lait de soja
- 1 sachet de ferments
- 30 g de pralin rose
- 2 c. à soupe de sucre

Ustensile(s)

- Casserole
- Tamis

Recette

Verser le lait de soja dans une casserole à fond épais, ajouter le sucre et le pralin rose. Laisser chauffer le lait doucement environ 5 minutes, puis **laisser refroidir** et filtrer au tamis pour retirer les restes d'amandes.

Ajouter les ferments, bien mélanger, puis verser la préparation dans les pots et les déposer dans la yaourtière. Lancer le programme approprié et **laisser fermenter** 8 heures.

À la fin du programme, sortir les pots et les déposer au réfrigérateur **pendant 4 heures minimum**. À déguster à tout moment en ajoutant un peu de pralin dessus pour plus de gourmandise.

Pour la petite histoire, c'est ma fille de 7 ans qui a donné le nom à cette recette qui, je trouve, lui va parfaitement !

Pour faire plaisir à vos enfants et obtenir des yaourts colorés, on peut aussi utiliser de temps en temps des colorants du commerce que l'on utilise pour colorer la pâte d'amande sucrée. Néanmoins, cela reste plus artificiel que les autres recettes avec des ingrédients 100 % naturels.

Yaourt des tropiques

10 minutes — 8 heures

Ingrédients pour 8 pots

- 500 ml de lait de soja
- 500 ml de lait de coco (68 % de coco)
- 1 mangue bien mûre
- 30 c. à soupe de noix de coco râpée

Recette

Mélanger le lait de coco avec le lait de soja, ajouter le sucre et la noix de coco râpée.

Ajouter le ferment, **bien mélanger**, puis verser la préparation dans les pots et les déposer dans la yaourtière. Lancer le programme approprié et **laisser fermenter** 8 heures.

À la fin du programme, sortir les pots et les déposer au réfrigérateur **pendant 4 heures minimum**. Au moment de servir, couper une mangue bien mûre pour accompagner le yaourt et lui apporter de la fraîcheur.

Pour une préparation entièrement à base de lait de coco, il faudra réaliser au préalable une préparation à base d'agar-agar, à mixer par la suite et à incorporer au lait. Attention, cette texture reste assez granuleuse en bouche.

La noix de coco râpée se déposera au fond du pot, c'est normal, Il suffit de mélanger le yaourt au moment de servir. La texture sera crémeuse et onctueuse, elle ne sera pas ferme. Pour une consistante plus ferme, il faudra ajouter une à deux cuillères à soupe de lait en poudre, en général d'origine animale, ou de lait de coco en poudre (plus difficilement accessible).

Porridge gourmand au yaourt végétal

10 minutes | 5 minutes

Ingrédients pour 2 personnes

- 2 pots de yaourt végétal
- 50 g de flocons d'avoine
- 1 c. à soupe de sirop d'étable
- 1 c. à soupe de purée d'amande
- 1 c. à soupe de confiture de kumquats
- Myrtilles

Ustensile(s)

- Casserole

Recette

Verser le yaourt dans une petite casserole, ajouter les flocons d'avoine et **laisser tiédir légèrement**. Ajouter le sirop d'érable. Mélanger doucement.

Verser le porridge dans un bol. Ajouter les fruits, la confiture et la purée d'amande. **Déguster !**

Pour réaliser un yaourt maison au lait végétal d'amande ou de noisette, il est impératif de réaliser la boisson soi-même. Personnellement, je préfère utiliser le lait de coco et le lait de soja pour la réalisation des yaourts maison, afin de retrouver une texture ferme et soyeuse.

Le porridge peut se cuisiner à la minute ou bien être préparé la veille pour le lendemain. Cette spécialité nous vient des Anglais. C'est un petit déjeuner extrêmement copieux et sain : le réaliser avec le yaourt végétal lui donne encore plus d'onctuosité.

Le yaourt à la banane

30 minutes | 8 heures

Ingrédients pour 8 pots

- 750 ml de lait entier
- 1 sachet de ferments
- 2 bananes bien mûres
- 50 g de sucre de canne
- 1 sachet de sucre vanillé ou de la vanille liquide
- 3 c. à soupe d'eau

Ustensile(s)

- Casserole
- Mixeur

Recette

Couper les bananes en rondelles, les déposer dans une casserole avec le sucre, la vanille et l'eau. **Laisser cuire doucement** à peu près 15 minutes, laisser ensuite refroidir et mixer pour obtenir une compote bien lisse.

Dissoudre les ferments dans le lait, puis ajouter la compote de bananes. Mélanger bien le tout, ensuite **verser** la préparation dans les pots et déposer dans la yaourtière. Lancer le programme approprié et **laisser fermenter** 8 à 9 heures.

À la fin du programme, sortir les pots et les déposer au réfrigérateur **pendant 4 heures minimum**. La texture reste onctueuse, comme un yaourt brassé.

*Il est aussi possible de laisser les rondelles entières, **sans les mixer**, et de les déposer en lit de compotée au fond des pots.*

Yaourt sur lit de confiture de fraises

5 minutes | 8 heures

Ingrédients pour 8 pots

- 1 L de lait entier
- 1 sachet de ferments
- 8 c. à soupe de confiture de fraises

Ustensile(s)

- Fouet

Recette

Verser le lait à température ambiante dans un grand pot ou dans un saladier. Ajouter le sachet de ferments lactiques. **Bien mélanger** avec un fouet.

Déposer une cuillère à soupe de confiture de fraises **dans chaque pot**, puis verser doucement le lait. Déposer les pots dans la yaourtière et lancer le programme approprié. **Laisser fermenter** 8 heures.

Une fois la fermentation terminée, retirer les pots, mettre les couvercles dessus et déposer le tout au frigo **4 heures minimum**.

*Il est aussi possible de remplacer la confiture de fraises **par n'importe quelle confiture** maison (attention, pas de confiture acide, car cela peut nuire à la fermentation) ou confiture du commerce.*

Yaourt poires-graines de chia

45 minutes | 8 heures

Ingrédients pour 8 pots

- 750 ml de lait demi-écrémé
- 1 sachet de ferments
- 5 poires bien mûres
- 30 g de sucre de coco
- 1 sachet de sucre vanillé
- 1 c. à café de graines de chia

Ustensile(s)

- Casserole

Recette

Préparer la compote de poires aux graines de chia. Laver et sécher les poires, les couper en lamelles et les mettre dans une casserole à fond épais avec le sucre et deux cuillères à soupe d'eau. Laisser cuire **à feu moyen** pendant 20 minutes. L'enlever du feu, ajouter le sucre vanillé et les graines de chia. **Bien mélanger**, laisser reposer 10 minutes, puis mélanger à nouveau.

Mélanger le lait avec les ferments, puis verser délicatement la préparation dans chaque pot. Lancer le programme approprié et **laisser fermenter** 8 heures.

Une fois la fermentation terminée, retirer les pots, mettre les couvercles et les déposer au frigo **minimum 4 heures**. Au moment de la dégustation, ajouter une bonne couche de compote de poires-chia par-dessus.

*Il est possible de remplacer la poire **par tout autre fruit**. Il est aussi possible d'utiliser la compote poires-chia en la mélangeant directement au lait et aux ferments.*

Yaourt sur lit de figues rôties

30 minutes | 8 heures

Ingrédients pour 8 pots

- 750 ml de lait
- 1 sachet de ferments
- 8 figues mûres
- 1 c. à café de miel
- 1 noix de beurre
- 1 pointe de fleur de sel
- 1 pincée de cannelle

Ustensile(s)

- Poêle

Recette

Préparer les figues rôties. Laver, sécher les figues. Si elles sont bio et très mûres, on peut garder la peau, sinon les peler, les couper en petits quartiers. Dans une poêle, mettre le beurre et **le laisser devenir noisette**, ajouter les figues et la pointe de sel, le miel, la cannelle. Les laisser rôtir doucement pendant 10 minutes sans trop remuer. **Déposer** une cuillère à soupe de préparation dans chaque pot et laisser refroidir.

Mélanger le lait avec le ferment, puis verser délicatement la préparation sur le lit de figues. Lancer le programme approprié et **laisser fermenter** 8 heures.

Une fois la fermentation terminée, retirer les pots, mettre les couverts et les déposer au frigo **4 heures minimum**.

La figue est un fruit très sucré. Si elle est bien mûre, on peut aussi ne pas ajouter le miel, ou tout simplement mettre un peu plus de cannelle, ***qui sucre naturellement*** *les préparations culinaires.*

Yaourt aux pruneaux et pignons

15 minutes — 8 heures

Ingrédients pour 8 pots

- 800 ml de lait entier
- 1 sachet de ferments
- 12 pruneaux dénoyautés
- 20 g de pignons de pin

Ustensile(s)

- Fouet

Recette

Couper les pruneaux en petits morceaux et les déposer au fond des pots. **Ajouter** quelques pignons par-dessus.

Verser le lait à température ambiante dans un grand pot ou dans un saladier. Ajouter le sachet de ferments lactiques. **Bien mélanger** avec un fouet. Verser délicatement le lait sur le lit de pruneaux. Déposer les pots dans la yaourtière et lancer le programme approprié. **Laisser fermenter** 8 heures.

Une fois la fermentation terminée, retirer les pots, mettre les couvercles et les déposer au frigo **4 heures minimum**.

*On peut remplacer les pruneaux **par d'autres fruits secs**, tels les abricots, les dattes ou les figues.*

Yaourt façon tatin

30 minutes | 8 heures

Ingrédients pour 8 pots

- 800 ml de lait
- 1 sachet de ferments
- 3 pommes golden
- 30 g de sucre brun
- 1 c. à café de vanille liquide
- 8 c. à café de caramel, des céréales ou quelques biscuits

Ustensile(s)

- Casserole

Recette

Préparer la compotée de pommes. Laver, sécher et peler les pommes, ôter les pépins, puis les couper en quartiers. Les déposer dans une casserole à fond épais, ajouter le sucre et **laisser cuire doucement** pendant 20 minutes environ, le temps que les pommes deviennent tendres et que leur acidité disparaisse. **Ajouter** la vanille liquide et déposer une bonne cuillère de compotée dans chaque pot, puis laisser refroidir complètement.

Mélanger le ferment avec le lait et verser délicatement la préparation sur les pommes. Déposer les pots dans la yaourtière, lancer le programme approprié et **laisser fermenter** 8 heures.

Une fois la fermentation terminée, retirer les pots, mettre les couvercles et les déposer au frigo **4 heures minimum**.

Au moment de servir, *ajouter une cuillère à café de caramel sur le dessus et des céréales ou un biscuit* ***pour le côté croustillant.***

Yaourt saveur lemon curd

45 minutes — 8 heures

Ingrédients pour 8 pots

- 1 L de lait demi-écrémé
- 1 sachet de ferments
- 100 g de beurre doux
- 50 g de sucre de canne
- 4 œufs
- 2 citrons bio

Ustensile(s)

- Batteur électrique
- Casserole
- Tamis

Recette

Préparer le lemon curd. Battre les œufs à part. Prélever le zeste des citrons et le jus. Dans un saladier, **au bain-marie**, mettre le beurre avec le sucre, ajouter le zeste et le jus des citrons. **Fouetter énergiquement** jusqu'à ce que le mélange s'homogénéise. Ajouter les œufs battus, continuer à fouetter jusqu'à ce que le ménage commence **à épaissir** (au moins pendant 20 minutes). Dès que la crème est prête, **l'enlever aussitôt** (risque de surcuisson) et la passer au tamis pour enlever les zestes et lui donner **une onctuosité soyeuse**. Déposer au fond des pots à yaourt, sur 2 à 3 cm, et laisser refroidir complètement.

Mélanger le ferment avec le lait et le verser délicatement sur le lemon curd. **Déposer** les pots dans la yaourtière, lancer le programme approprié et **laisser fermenter** 8 heures.

Une fois la fermentation terminée, retirer les pots, mettre les couvercles et les déposer au frigo **4 heures minimum**. La texture sera douce et crémeuse.

On peut également utiliser le lemon curd en topping. Cette crème se garde dans un pot fermé ***hermétiquement*** *et au réfrigérateur pendant 48 heures.*

Yaourt façon chocolat chaud

30 minutes | 8 heures

Ingrédients pour 8 pots

- 800 ml de lait entier
- 1 sachet de ferments
- 100 g de chocolat noir
- 1 c. à soupe de Maïzena
- 3 c. à soupe de sucre brun

Ustensile(s)

- Casserole

Recette

Préparer le chocolat chaud. Mettre 200 ml de lait à chauffer dans une casserole, ajouter le sucre, le chocolat **en petits morceaux** et la Maïzena. Bien mélanger pour ne pas avoir de grumeaux. Laisser refroidir complètement.

Mélanger le lait restant avec le mélange au chocolat refroidi et les ferments. Bien mélanger **pour obtenir une préparation homogène**. Verser la préparation dans les pots et les déposer dans la yaourtière. Lancer le programme approprié et **laisser fermenter** 8 heures.

Une fois la fermentation terminée, retirer les pots, mettre les couvercles et les déposer au frigo **4 heures minimum**. La texture sera douce et crémeuse.

*Au moment de servir, râper un peu de chocolat par-dessus **pour plus de gourmandise !***

Yaourt à la crème de dattes

30 minutes | 8 heures

Ingrédients pour 8 pots

- 800 ml de lait
- 1 sachet de ferments
- 100 g de dattes dénoyautées
- 5 pruneaux d'Agen
- 100 ml de lait de coco
- 1 pincée de sel
- Blé soufflé / granola maison (facultatif)

Ustensile(s)

- Mixeur
- Tamis
- Casserole

Recette

Préparer la crème de dattes. Mixer finement les pruneaux avec les dattes et un peu d'eau si nécessaire pour obtenir une belle purée. La passer au tamis **pour enlever tous les résidus** et obtenir une texture soyeuse. Faire cuire cette purée avec le lait de coco pendant 10 minutes dans une casserole, puis retirer du feu et la **laisser refroidir**.

Mélanger le ferment avec le lait, remplir les pots et les déposer dans la yaourtière. Lancer le programme approprié et **laisser fermenter** 8 heures.

Une fois la fermentation terminée, retirer les pots, **ajouter** une couche de crème de dattes sur le dessus, mettre les couvercles et déposer au frigo **4 heures minimum**. Au moment de servir, ajouter du blé soufflé pour plus de gourmandise.

*On peut remplacer la crème de dattes par de la crème de marrons, c'est aussi très bon, mais **un peu plus sucré**, et le blé soufflé par du granola maison.*

Yaourt de l'automne

30 minutes | 8 heures

Ingrédients pour 8 pots

- 800 ml de lait
- 1 sachet de ferments
- 200 g de prunes roses
- 20 g de sucre brun
- 1 bonne pincée de cannelle

Ustensile(s)

- Casserole

Recette

Préparer la compotée de prunes. Laver, sécher et peler les prunes, les couper en lamelles. Les déposer dans une casserole à fond épais, **ajouter** le sucre et la cannelle et laisser cuire doucement pendant 20 minutes environ. Déposer **une bonne cuillère** de compotée dans chaque pot, puis laisser refroidir complètement.

Mélanger les ferments avec le lait et verser délicatement la préparation sur la compotée de prunes. **Déposer** les pots dans la yaourtière, lancer le programme approprié et **laisser fermenter** 8 heures.

Une fois la fermentation terminée, retirer les pots, mettre les couvercles dessus et les déposer au frigo **4 heures minimum**.

*Pour aller plus vite, il est aussi possible d'utiliser de **la confiture de prunes** du commerce.*

Yaourt au pistou

15 minutes | 8 heures

Ingrédients pour 8 pots

- 800 ml de lait demi-écrémé
- 1 sachet de ferments
- 1 botte de basilic frais
- 2 gousses d'ail
- Sel, poivre
- Huile d'olive

Ustensile(s)

- Mortier

Recette

Préparer le pistou maison. Déposer les feuilles de basilic dans un mortier. Ajouter l'ail écrasé et une pointe de sel. Commencer à broyer le basilic et **petit à petit** ajouter l'huile d'olive en filet, afin d'obtenir une belle préparation pommade. **Déposer** une belle cuillère à soupe de pistou dans chaque pot.

Mélanger le ferment avec le lait et verser délicatement la préparation sur le pistou, même si les deux préparations se mélangent, ce n'est pas un problème. **Déposer** les pots dans la yaourtière, lancer le programme approprié et **laisser fermenter** 8 heures.

Une fois la fermentation terminée, retirer les pots, mettre les couvercles dessus et les déposer au frigo **4 heures minimum**.

Utiliser ces yaourts ***comme une sauce légère*** *pour les recettes à base de pâtes, vinaigrettes ou salades.*

Œufs à la turque au skyr

30 minutes | 4 minutes

Ingrédients pour 1 personne

- 1 œuf
- 3 c. à soupe de skyr
- 1 c. à soupe d'huile d'olive
- 1 c. à soupe d'huile de noisette
- 1 c. à café de sirop d'agave
- 1 c. à café de vinaigre blanc
- Aneth
- Quelques tranches de concombre
- 3 tomates cerises
- 1 grappe de groseilles
- Paprika
- Fleur de sel, poivre
- Graines de pavot
- Pain de campagne complet
- 1 gousse d'ail (facultatif)

Ustensile(s)

- Casserole

Recette

Faire bouillir de l'eau dans une casserole, ajouter une cuillère à café de vinaigre blanc. **Casser l'œuf** dans une petite tasse à café (pour plus de facilité). Quand l'eau commence à frémir, faire un tourbillon à l'aide d'une cuillère et verser l'œuf **au milieu du tourbillon**. Continuer à tourner légèrement l'eau, afin d'obtenir **un œuf mollet** qui se tient bien. Laisser cuire 4 minutes. Le sortir et le mettre dans de l'eau froide **pour stopper la cuisson**.

Pendant ce temps, chauffer légèrement le skyr **au bain-marie** avec un peu de sel, de poivre, et avec l'ail écrasé (facultatif).

Faire chauffer l'huile d'olive légèrement avec le paprika et la fleur de sel, puis ajouter l'huile de noisette et le sirop d'agave.

Dresser une assiette creuse en déposant la préparation de yaourt au fond de l'assiette, ensuite, au milieu, l'œuf mollet. **Ajouter** l'aneth ciselé, les graines de pavot, les tomates, le concombre et la grappe de groseilles, puis arroser avec l'huile aromatisée. **Servir** avec des tranches de pain de campagne grillées.

*La grappe de groseilles apporte de l'acidité, **afin de casser le gras** apporté par l'œuf et l'huile.*

Tartinade à la carotte et au skyr

30 minutes | 30 minutes

Ingrédients pour 4 personnes

- 200 g de carottes crues
- 1 pot de skyr
- 10 g de graines de sésame grillées
- 10 g de pignons grillés
- 20 ml d'huile de cameline et/ou d'huile d'olive
- 2 gousses d'ail frais
- Un peu de lait végétal si besoin
- Sel, poivre aux 4 baies
- Gingembre, cumin, paprika doux
- 1 c. à soupe de moutarde
- 1 citron vert
- 1 c. à soupe de beurre de cacahuètes

Ustensile(s)

- Casserole
- Mixeur

Recette

Faire cuire les carottes à la vapeur ou dans de l'eau. Une fois qu'elles sont fondantes, les refroidir **pour stopper la cuisson** et les réserver.

Mettre tous les ingrédients (sauf le citron) dans un mixeur et mixer par petits coups **pour obtenir une purée**, ajouter du lait végétal selon son goût pour obtenir la consistante désirée. **Rectifier** l'assaisonnement et ajouter un peu de zeste de citron et son jus. **Mettre au frais.**

Servir sur des tranches de pain, des crackers ou dans un poke bowl. **Par petites touches**, cette tartinade apporte du peps aux plats.

*Le skyr permet d'avoir une texture crémeuse et une consistance soyeuse tout en restant sur une **valeur nutritionnelle basse**. Ça convient parfaitement aux personnes qui souhaitent prendre soin de leur ligne.*

Macédoine allégée au yaourt brassé

30 minutes | 30 minutes

Ingrédients pour 4 personnes

- 6 pommes de terre
- 4 carottes
- 1 oignon rouge
- 4 cornichons aigres-doux
- 100 g de petits pois en bocal
- 100 g de haricots verts en bocal
- 1 botte d'aneth

Pour la mayonnaise :

- 1 jaune d'œuf
- 1 pot de yaourt brassé
- 1 c. à soupe de moutarde
- 100 ml d'huile de tournesol
- Sel, poivre
- Cumin en grains ou en poudre

Ustensile(s)

- Casserole

Recette

Commencer par **cuire** les pommes de terre et les carottes pour obtenir une **texture fondante, mais ferme**. Les laisser refroidir, ensuite couper les carottes en brunoise et les pommes de terre en petits dés. Réserver. **Couper** les cornichons et l'oignon en dés.

Préparer la mayonnaise en mélangeant le jaune d'œuf avec la moutarde, le sel, le poivre et l'huile, puis **alléger** sa texture en ajoutant le yaourt brassé.

Déposer tous les ingrédients dans un grand saladier. **Ajouter** ensuite la mayonnaise, puis l'aneth finement ciselé, les graines de cumin et rectifier l'assaisonnement si besoin.

Servir bien frais en accompagnement d'un barbecue ou comme entrée froide.

*Le yaourt brassé est **un liant parfait** et permet d'alléger de nombreux plats. Il est idéal notamment pour rendre les sauces et les vinaigrettes **plus digestes**.*

Velouté de légumes et yaourt à la grecque

30 minutes — 30 minutes

Ingrédients pour 4 personnes

- 200 g de panais
- 100 g de noisettes
- 1 grosse pomme de terre
- 1 pomme
- 1 carotte
- 1 oignon blanc
- 1 cube de bouillon de légumes
- Sel, poivre, muscade
- 50 g de yaourt à la grecque
- 3 c. à soupe d'huile d'olive
- Fleur de sel
- 500 ml d'eau

Ustensile(s)

- Casserole
- Mixeur

Recette

Dans une casserole à fond épais, déposer l'oignon **coupé grossièrement** avec l'huile d'olive. Laisser rissoler quelques minutes. **Ajouter** la carotte, le panais, la pomme de terre et la pomme coupés **en petits morceaux**.

Ajouter le cube de bouillon, le sel, le poivre et la muscade, puis l'eau. Laisser cuire **à feu doux** pendant 30 minutes.

Mixer. Rectifier l'assaisonnement et laisser tiédir. Au moment de servir, ajouter le yaourt à la grecque et **bien mélanger**.

*Pour un peu **plus de croustillant et de gourmandise,** vous pouvez servir ce velouté avec de la poitrine fumée ou du jambon cru séché au four, des croûtons de pain et des noisettes grillées.*

MES RECETTES PERSOS

2, rue Chantal-Mauduy
91280 Saint-Pierre-du-Perray
Recettes et photos : Elena Bogdan
Graphisme : Caroline Vidon-Geni
Dépôt légal : août 2023